VICTOR BELIN

1799 — 1875

VICTOR BELIN

1799 - 1875

DISCOURS

PRONONCÉ SUR SA TOMBE

Par M. le Dr GODARD

VICE-PRÉSIDENT DU CONSEIL D'HYGIÈNE DE SEINE-ET-OISE

NOTICE BIOGRAPHIQUE

Par M. le Dr LE DUC

VICE-PRÉSIDENT DE LA SOCIÉTÉ DES SCIENCES NATURELLES DE SEINE-ET-OISE
CHEVALIER DE LA LÉGION D'HONNEUR

VERSAILLES

IMPRIMERIE ET STÉRÉOTYPIE CERF ET FILS
59, RUE DUPLESSIS, 59

1876

DISCOURS

PRONONCÉ

SUR LA TOMBE DE M. BELIN

LE 30 DÉCEMBRE 1875

Par M. le Docteur GODARD

VICE-PRÉSIDENT DU CONSEIL CENTRAL D'HYGIÈNE
DE SEINE-ET-OISE

Messieurs,

Vice-président du conseil d'hygiène et de salubrité du département, c'est à ce titre que je prends ici la parole, pour dire un dernier adieu à l'un des membres du Conseil, où il siégeait depuis sa création en 1849, et vous dire, autant qu'il m'est possible, sa vie et ses labeurs.

Belin, Denis-André-Victor, est né à Versailles, dans la dernière année du dernier siècle. Reçu pharmacien en 1824, il n'a plus quitté sa ville natale jusqu'au jour de sa mort. Il a été membre de toutes les sociétés qui lui semblaient utiles soit à la science, soit à ses concitoyens :

Membre fondateur de la Société des sciences naturelles, de la Société d'horticulture, de celle d'agriculture.

Membre jusqu'à sa mort du Jury médical pour l'inspection des pharmacies du département.

Membre du Conseil central d'hygiène et de salubrité à la

création en 1849, révoqué en mars 1852, réintégré en avril 1853.

Il faut ici expliquer cette révocation que rien ne justifiait. Un habitant de Versailles avait encouru, j'ignore pour quelle cause, les soupçons des autorités d'alors ; arrêté et conduit en prison par des agents, passant devant l'officine de Belin qui, comme tout le monde, regardait ; — il lui tendit la main que Belin serra, parce qu'il le connaissait. De là des soupçons et sa révocation ; jamais on ne lui a connu d'autre cause. Il faut bien qu'on ait compris, non pas qu'on eût tort, — les puissants n'ont jamais tort, — mais qu'on s'était rendu ridicule, ce qui, dans notre pays, est plus grave que d'avoir tort ; ou, ce qui est plus probable, qu'on avait besoin de ses lumières : il fut réintégré.

Belin a été juge au tribunal de commerce. Six fois ses concitoyens l'ont appelé au Conseil municipal en 1840, 1846, 1848, 1852, 1855 et 1860, preuve de la confiance qu'ils avaient en sa capacité et sa probité.

Belin a été longtemps chargé par la justice des expertises de médecine légale. Il s'est sérieusement occupé des produits qu'on pourrait obtenir de l'hélianthe tuberculeux, sucre, etc., etc. Il a travaillé avec MM. Colin et Labbé sur la phloridzine et la merisine.

Tous les moments de sa vie ont été employés à des travaux utiles, en sus de ceux nécessités par son officine, dont chacun connaît la réputation parfaitement continuée par son digne fils.

En 1830, Belin épousa Mlle Clotilde Loir, qu'il eut le malheur de perdre à l'âge de 57 ans à la fin de 1867. Depuis lors nous l'avons vu dépérir graduellement, puis mourir.

Ceux qui ont connu et apprécié Belin, conserveront le souvenir d'un homme consciencieux et parfaitement honnête et dans sa vie et dans sa profession.

Un mot encore, un souvenir : Il y a dix ans, je crois, plus ou moins, nous quittions ensemble ce lieu de repos, où nous avions conduit un homme aimé, estimé et regretté de tous, dont j'avais dit les travaux et la vie si pleine. Belin m'interpella : Docteur, vous ferez mon oraison funèbre ; au ton dont il parlait, je ne pus répondre, comme je l'eusse fait dans d'autres circonstances, par une plaisanterie ; j'étais dans une disposition d'esprit toute contraire ; je lui fis observer qu'une différence de trois années seulement existait entre nos âges et qu'il était très-possible que je finisse avant lui. Eh bien ! me répondit-il, en ce cas, je m'en charge. Je compte sur vous, comptez sur moi. Nous nous séparâmes tristement ; je me suis souvenu.

Au revoir Belin, repose en paix, à bientôt peut-être.

NOTICE BIOGRAPHIQUE

SUR

M. BELIN

LUE A LA SÉANCE DE RENTRÉE DE LA SOCIÉTÉ DES SCIENCES NATURELLES DE SEINE-ET-OISE, LE 24 OCTOBRE 1876

Par M. le Docteur LE DUC

VICE-PRÉSIDENT DE LA SOCIÉTÉ
CHEVALIER DE LA LÉGION D'HONNEUR

Messieurs,

Il y a dix mois à peine disparaissait un homme que tout Versailles a connu, et qui, par la droiture de son caractère, par sa constante opiniâtreté dans le travail, avait su conquérir l'estime et la considération de ses concitoyens. Quelques mots, sur la vie simple, modeste et laborieuse de celui qui fut si longtemps le collègue et l'ami de plusieurs d'entre nous, ne seront que la légitime expression de nos profonds et sincères regrets.

Denis-André-Victor Belin, né à Versailles, le 3 mars 1799, était fils d'un boulanger, qui pour assurer son instruction avait obtenu la faveur d'une bourse au collége de Saint-Germain. A 16 ans, il terminait ses études, et entrait comme apprenti, chez le frère d'une de ses tantes, pharmacien à Paris. En qualité de parent ou plutôt d'allié, le nouveau maître ne se montra pas fort tendre à l'égard du jeune étudiant, dont il exigeait beaucoup, sans doute pour le convaincre dès son entrée dans la vie, qu'il rencontrerait sur sa route moins de roses que d'épines. Cette rude épreuve ne le rebuta pas, mais il fit tous ses efforts pour la rendre aussi courte que possible.

Reçu pharmacien de première classe en 1824, c'est à Versailles qu'il voulut revenir ; il acheta relativement fort cher l'officine de M. Desmarets, qui malheureusement était sur son déclin, car à cette date la vogue était largement acquise à M. Frémy. Il fallut donc une volonté ferme et soutenue pour ramener la clientèle qui avait pris un autre chemin. Par un choix consciencieux des matières premières, par le soin tout particulier qu'il apporta dans ses préparations, il eut bien vite l'appui des médecins et la confiance du public qu'attiraient vers lui son affabilité et sa complaisance. Cette bonne réputation, péniblement acquise, se maintint pendant 43 ans. En 1858, il cédait sa pharmacie à son fils, notre honorable collègue, qui en continuant les saines traditions de son père, s'en est montré le digne successeur.

Les occupations journalières de la pharmacie ne suffisaient pas à l'intelligence active de M. Belin. A peine installé, il se livra avec ardeur à l'étude de la chimie ; et pour donner un stimulant à son travail individuel, il ouvrit en 1826, dans son laboratoire, un cours, qui fut longtemps suivi par un groupe de jeunes gens désireux de s'initier à cette science encore peu répandue, et dont il retira lui-même un grand profit ; car on sait d'autant mieux qu'on est obligé d'apprendre aux autres. — La conchyliologie avait également éveillé son attention et provoqué ses recherches ; aussi dans ses dernières années, possédait-il une belle collection de coquillages qui se complétant sans cesse par de nouvelles trouvailles, par des dons et des acquisitions réitérées, n'a jamais pu être à son grand regret l'objet d'une classification définitive ; en cela, du reste beaucoup de collectionneurs ressemblent à notre ancien collègue; ils récoltent toujours remettant au lendemain le classement, œuvre de pure patience, et la mort ne leur permet pas d'achever leur entreprise.

En 1830, Victor Belin épousait Mlle Clotilde Loir, fille du vétérinaire en chef de Louis XVIII, qui en mourant avait laissé sa veuve sans fortune avec six enfants. A cette époque les mariages ne se faisaient pas dans les mêmes conditions que de nos jours ; en prenant une femme on voulait avant tout une compagne ; on comptait plus sur son courage que sur la dot et on n'arrivait pas moins à faire honneur à sa famille, exemple le collègue que nous regrettons aujourd'hui.

L'année 1831 est marquée par un fait d'une extrême importance pour nous : la fondation de la Société des sciences naturelles, due en grande partie à l'initiative et à l'influence de M. Belin. Son laboratoire, dans lequel se faisait un cours de chimie élémentaire, était également depuis plusieurs années, le centre de réunions intimes où l'on s'entretenait des nouveautés scientifiques. Les habitués de ces conférences étaient, avec notre ancien collègue, MM. Blondel, Baudry de Balzac, Edwards, Huot et Philippar, qui ne tardèrent pas à reconnaître que leur cercle était beaucoup trop étroit et qu'il y aurait avantage à créer une association plus vaste et plus féconde. Dans ce but, ils firent appel à tous les hommes qui, dans notre ville, s'occupaient de science par goût ou par nécessité professionelle. Le résultat fut des plus heureux, puisque, dès la première année, on pouvait compter près de quatre-vingts adhérents. C'est alors que la municipalité voulut bien concéder le local, où depuis, nous avons toujours tenu nos séances périodiques.

Vous le voyez, si M. Belin ne fut pas seul pour fonder la Société des sciences naturelles, une large part lui revient dans cette œuvre, et, en outre, il reste un de ceux qui con-tribuèrent le plus à sa prospérité. Dès l'origine, on le chargea de fonctions ingrates et minutieuses de trésorier, qu'il remplit avec un zèle, une ponctualité et une bienveil-lance qui lui valurent d'être maintenu pendant 41 ans à ce poste de confiance. En 1872, sentant déjà ses forces l'aban-donner, il remit entre les mains de ses collègues une dé-mission irrévocable, et, en reconnaissance de services aussi longs et aussi désintéressés, une médaille en vermeil lui fut offerte en votre nom. Cette récompense lui fut très-sen-sible, et son émotion fut si vive en la recevant, que les pa-roles ne purent que difficilement exprimer toute la satis-faction qu'il éprouvait. L'année suivante, vous l'appeliez à la présidence, nouvelle fonction dont il n'avait pas ambi-tionné l'honneur et qu'il n'accepta qu'avec défiance, bien qu'il eut encore toutes les qualités nécessaires pour s'en acquitter dignement ; ce qu'il nous a bien prouvé.

Au début de notre Société, pour donner plus d'attraits aux séances, plusieurs membres, pleins d'ardeur et de dé-vouement, résolurent de faire des cours réguliers. La con-chyliologie revint de droit à M. Belin, et en 1834, il inau-gura le cours de chimie minérale dont il fut longtemps le premier professeur. Continué par MM. Colin, Labbé et Thi-bierge, à la mort de ce dernier savant, dont la perte fut si vivement ressentie par tous, ce cours interrompu, faute de successeur, a été repris l'année dernière, grâce au concours et à la libéralité du Conseil municipal. Nous fûmes assez heureux en le rétablissant de le voir immédiatement suivi par un auditoire très-nombreux et très-attentif, et nous devons en grande partie ce succès au talent de notre collègue, M. Lefebvre.

La toxicologie, science toute moderne, engendrée par la chimie, devait naturellement exciter l'esprit investigateur de M. Belin ; il en fit une étude approfondie dont il soumit les résultats à ses collègues, dans une série d'entretiens fort goûtés, inscrits dans nos Annales et dans la mémoire de ceux d'entre nous, fort rares il est vrai, qui ont eu le bonheur de l'entendre.

En dehors des cours dus à la bonne volonté de M. Belin, nos publications renferment une grande quantité de communications et de rapports qui démontrent l'érudition et la sagacité de leur auteur ; parmi les plus importants je citerai :

1º Un essai sur les produits qu'on peut obtenir de l'hélianthe tuberculeux (topinambour) ;

2º Une analyse comparative du lait de jument non fécondée avec celui d'une jument mère ;

3º Travaux faits en collaboration avec MM. Colin et Labbé, sur la phlorhyzine et emploi de ce corps comme succédané de sulfate de quinine.

Enfin, d'une exactitude exemplaire aux séances, M. Belin manquait bien rarement l'occasion de les animer par des réflexions judicieuses, qui provoquaient les éclaircissements et devenaient souvent le point de départ d'utiles et intéressantes discussions dont tout le monde profitait.

En 1840, M. Belin fut un des premiers à s'inscrire comme fondateur de la Société d'horticulture dont il resta toute sa vie un des plus ardents collaborateurs. Dans son jardin de dimensions fort restreintes, il se livrait en véritable amateur à des expériences de culture et d'élevage des plantes ; il parvint ainsi à obtenir des variétés nouvelles qui méritèrent l'attention de ses collègues et lui valurent d'honorables récompenses. Membre presque perpétuel de la commission d'organisation des expositions florales, à la réussite desquelles il consacrait toute son activité, il remplit pendant quelques années les fonctions de juré ; nous le voyons également figurer sur les listes des vice-présidents plusieurs fois élus.

La Société d'agriculture, dans laquelle on n'entre que par voie d'élection, s'empressa la même année, 1840, de s'adjoindre comme membre titulaire, M. Belin, dont elle estimait depuis longtemps déjà les travaux scientifiques. Cette importante assemblée mit rapidement à profit son zèle et ses connaissances variées ; aussi eut-il l'avantage peu recherché, de siéger dans toutes les commissions dont il était souvent le rapporteur. En 1857, les honneurs de la présidence lui furent décernés.

Avant la réorganisation des Écoles supérieures de pharmacie et des Écoles secondaires de médecine, les pharmaciens de deuxième classe étaient reçus dans les chefs-lieux de département où une commission, sous le nom de jury médical, était chargée d'examiner les candidats, et d'inspecter les pharmacies rurales ; M. Belin fit partie de cette commission jusqu'en 1855, époque de sa suppression définitive.

En 1849, les conseils d'hygiène départementaux furent soumis à une nouvelle réglementation : une place fut réservée pour M. Belin dans le conseil central de Seine-et-Oise ; mais en mars 1853, peu de temps après le coup d'État, notre collègue dont les idées libérales étaient connues et qui surtout avait le malheur de compter parmi ses amis des adversaires déclarés du nouveau régime politique, fut impitoyablement révoqué par le préfet M. Arrighi de Padoue ; l'année suivante, cette mesure prise sans doute *ab irato*, étant abrogée, M. Belin reprit son siége au milieu

de ses anciens collègues et le conserva jusqu'à sa mort,
Là, comme partout il sut se faire estimer et apprécier par
la justesse de ses avis, par la rectitude de son jugement,
et par le soin qu'il apportait dans les différents emplois dont
il était chargé. Jusqu'à ses derniers moments, il resta
membre de la commission, qui, en remplacement du jury
médical, est actuellement désignée pour l'inspection des
pharmacies.

Deux fois il eut la satisfaction d'être le mandataire des
pharmaciens de Versailles qui le choisirent pour le repré-
senter aux congrès médicaux de 1846 et de 1867, où devaient
être soulevées et discutées des questions d'une extrême
importance pour la corporation. Dans ces grandes assises,
il se tint à la hauteur de la sérieuse mission dont l'avait
investi la confiance de ses confrères.

Les tribunaux dans bien des circonstances sont obligés
pour éclairer leur conscience de recourir à l'intervention
d'hommes spéciaux. Les falsifications de boissons, l'altéra-
tion des matières alimentaires, les recherches des substan-
ces vénéneuses introduites dans les organes sont autant de
questions qui, sous des formes diverses se présentent fré-
quemment devant les juges, et qui pour être rigoureuse-
ment étudiées réclament des expérimentateurs habiles.
Pendant longtemps, ce fut encore à M. Belin que la chimie
légale fut confiée par le Tribunal de Versailles, et nous
savons avec quelle autorité et quelle prudence il s'est
acquitté de cette tâche délicate.

Conseiller municipal en 1840, cinq fois de suite, en 1846,
1848, 1852, 1855, 1860, les électeurs lui renouvelèrent son
mandat, et dans l'assemblée communale il prit chaudement
les intérêts de la ville, donnant à l'administration un concours loyal et raisonné, sans jamais faire abnégation de
son indépendance. Aussi, quand par suite d'un de ces revi-

rements si fréquents de l'opinion publique, il ne fut plus élu, le conseil perdit une véritable lumière ; et son échec fut d'autant plus regrettable qu'on ne lui donnait aucun successeur direct, qui par la nature de ses études scientifiques, pût rendre les mêmes services.

Enfin, n'oublions pas, Messieurs, que les notables commerçants de l'arrondissement lui ont conféré le titre de juge consulaire, honneur bien enviable pour celui qui, en dirigeant ses propres affaires avec conscience et habileté, avait su donner également l'exemple de l'honnêteté professionnelle.

Au milieu de ses nombreux travaux, M. Belin était sans cesse préoccupé de l'avenir de ses enfants. Nous avons vu que son officine était restée entre les mains de son fils. Il eut la joie de marier sa fille à un jeune médecin de Paris, M. le Dr Michel Peter, dont l'avenir se présentait déjà sous de brillants auspices. Un de ses derniers bonheurs fut de voir son gendre dépasser de beaucoup les espérances qu'il avait données, et parvenir, par son travail, aux positions les plus élevées de la médecine.

En 1867, M. Belin eut la douleur de perdre celle qui pendant 37 ans avait été sa compagne dévouée. Ce fut un coup terrible pour notre ancien collègue, dont l'existence fut subitement bouleversée ; il devint triste, morose, irascible ; lui, dont le caractère gai, vif à la repartie, acceptait autrefois avec bonne humeur toutes les plaisanteries, même celles qu'on pouvait faire sur sa propre personne, n'avait plus ni le même entrain, ni la même tolérance ; le travail intellectuel, qu'il avait tant aimé, ne parvenait plus à charmer ses loisirs, et, bien que dans le séjour auprès de ses enfants qui l'entouraient de soins affectueux, il eût pu trouver une atténuation à son chagrin, le vide était immense autour de lui ; son moral était profondément atteint.

La guerre de 1870, la présence des armées allemandes dans nos murs, vinrent encore aggraver ces fâcheuses dispositions. Un autre sentiment, cette fois, l'amour de la patrie, était vivement surexcité. Belin mesurait toute la profondeur de l'abîme dans lequel nous avaient plongé les fautes d'un gouvernement orgueilleux et despotique, pour lequel, du reste, il n'avait aucune sympathie ; le pays, sacrifié par de mesquines intrigues de cour lui semblait à tout jamais perdu, et son cœur de Français ne pouvait supporter une si terrible catastrophe. Au départ des ennemis, peut-être sous l'influence d'une joie extrême à la vue de la délivrance, il fut frappé d'une congestion cérébrale légère, qui, tout en modifiant son allure et sa démarche, n'eut aucun retentissement sur ses facultés intellectuelles. Nous l'avons tous vu, remis de cette première atteinte, se mêler activement à nos travaux, qu'il dirigeait avec habileté pendant la session de 1873-1874. Mais ce fut un dernier effort, car à partir de ce moment, ses forces physiques allèrent en diminuant ; ses promenades devinrent rares et courtes, puis il ne quitta bientôt plus ni sa chambre, ni son fauteuil, déplorant avec amertume de ne plus assister aux séances de notre Société vers laquelle ses souvenirs le ramenaient sans cesse, et dont il voulait toujours qu'on l'entretînt. Une nouvelle attaque survenue à la fin de l'année 1875 fut malheureusement la dernière ; il s'éteignit le 28 décembre à l'âge de 77 ans.

L'existence de Victor Belin fut donc grandement et noblement remplie ; et si, en votre nom, j'ai pris l'initiative de rendre hommage aux nombreuses qualités de notre regretté collègue, comme praticien, comme savant et comme citoyen, notre Société, à la fondation de laquelle il a si largement contribué, dont il fut jusqu'à ses dernières heures un des plus fermes soutiens, qu'il aimait d'un véritable amour paternel, n'oubliera jamais ses longs et précieux services ; et aujourd'hui elle doit saluer encore une fois celui qui n'est plus, en proclamant qu'il a bien mérité de la science et de sa ville natale.

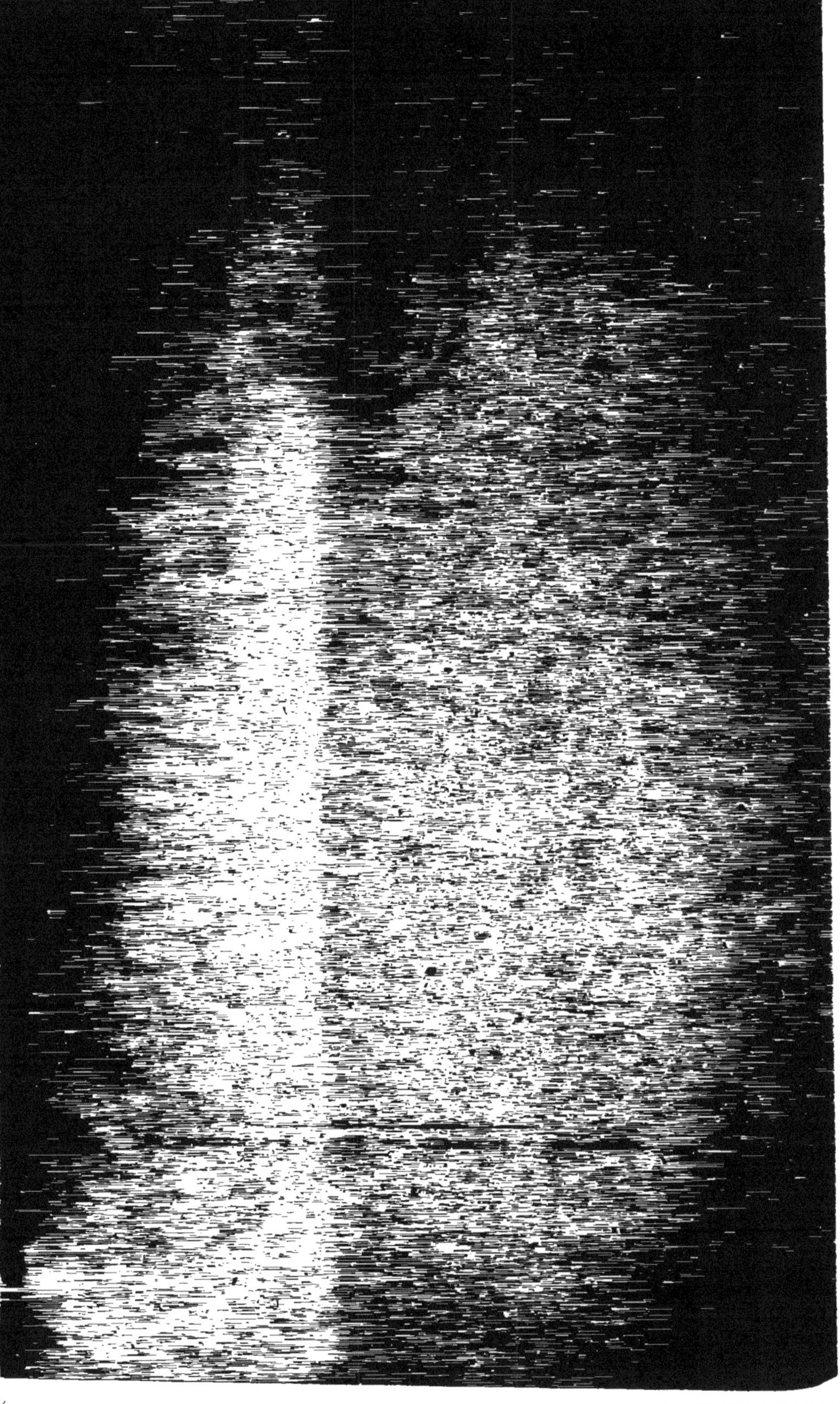